Sandro Gertz

Grundlagen und Methoden der Kostenstellenplanung mit Hi

Sandro Gertz

Grundlagen und Methoden der Kostenstellenplanung mit Hilfe von SAP R/3

GRIN Verlag

Bibliografische Information der Deutschen Nationalbibliothek: Die Deutsche Bibliothek verzeichnet diese Publikation in der Deutschen Nationalbibliografie; detaillierte bibliografische Daten sind im Internet über http://dnb.d-nb.de/ abrufbar.

1. Auflage 2005
Copyright © 2005 GRIN Verlag
http://www.grin.com/
Druck und Bindung: Books on Demand GmbH, Norderstedt Germany
ISBN 978-3-638-68182-7

FOM - Fachhochschule für Oekonomie & Management

Hamburg

Berufsbegleitender Studiengang zum

Diplom-Wirtschaftsinformatiker (FH)

5. Semester

Seminararbeit im Fach

Betriebsinformatik I – Integrierte Anwendungssysteme

Grundlagen und Methoden der Kostenstellenplanung mit Hilfe von

SAP R/3

Autor: Sandro Gertz

Hamburg, 28. Februar 2005

Inhaltsverzeichnis

1 Einleitung

SAP R/3 ist als branchenneutrale betriebswirtschaftliche Standardsoftware konzipiert. Daher spielt es keine Rolle, ob z.B. Behörden, produzierende Unternehmen oder Dienstleistungsunternehmen SAP R/3 einsetzen wollen. Die Software beinhaltet Geschäftsprozesse, die in allen Branchen gleichermaßen genutzt werden. Anpassungen des SAP R/3 an das bestehende Unternehmen können über das Customizing vorgenommen werden[1].

SAP verspricht im R/3 eine hohe Integration geschaffen zu haben[2].

In dieser Fallstudie soll am Beispiel der Kostenstellenplanung unter SAP R/3 aufgezeigt werden, in wie weit diese Integration realisiert wurde.

---

1 Vgl. Guder, R. 2003, Seite 21
2 Vgl. http://www11.sap.com/germany/solutions/business-suite/index.aspx, Stand 14.02.2005

2 Integrierte Planung

In den kommenden Unterpunkten soll nun dargestellt werden, was die Begriffe Integration und Planen bedeuten und anschließend wie die integrierte Planung abläuft.

2.1 Begriff: Integration

Im Rahmen der Integration speichert die Software SAP R/3 alle betriebswirtschaftlichen Daten konsequent in einer Datenbank. Die Datenbank bzw. das SAP R/3 stellt anschließend die abgespeicherten Informationen allen Anwendern zur Verfügung, die über die notwendigen Berechtigungen verfügen, sich diese Daten anzeigen zu lassen. Aus diesem Grund müssen die Stamm- und Bewegungsdaten zu jedem Vorgang nur einmal erfasst werden und stehen dann jeder Anwendungskomponente zur Verfügung.

Dies ermöglicht zum einen Redundanzen bei der Erfassung der Daten und somit in der Datenbank zu vermeiden. Zum anderen kann so sichergestellt werden, dass die Daten für die einzelnen Anwendungskomponenten immer aktuell zur Verfügung stehen[3].

Des Weiteren ist es durch die Speicherung der gesamten Daten in einer Datenbank möglich, die einzelnen Teilpläne wie z.B. die Kostenstellenplanung, die Produktionsplanung und die Personalkostenplanung innerhalb eines Unternehmens zu verbinden und deren Abhängigkeiten herauszustellen. Das Ziel ist dabei, alle relevanten Teilpläne in einem einheitlichen Gesamtplan für das Unternehmen aufgehen zulassen[4].

2.2 Begriff: Planen

Planen bedeutet sich mit der Zukunft auseinander zu setzen. Dabei werden mögliche zukünftige Entwicklungen analysiert. Auf Grund dieser Ergebnisse kann man flexible Strategien zur Erreichung des Unternehmensziels entwickeln, die für eine möglichst große Anzahl von Szenarien gelten. Durch die Planung kann man so strategische Entscheidungen treffen, die mit der zukünftigen Entwicklung durch operative Entscheidungen verfeinert werden. Dadurch wird gewährleistet, dass ein Unternehmen auf zukünftige Entwicklungen vorbereitet ist und mit Hilfe mehrerer Handlungsalternativen auf Änderungen reagieren kann[5].

Dieses Vorgehen soll in der folgenden Grafik in Form eines Regelkreises schematisch dargestellt werden.

---

3 Vgl. Guder, R. 2003, Seite 20
4 Vgl. Heuser, R.; Günther, F.; Hatzfeld, O. 2003, Seite 25
5 Vgl. Heuser, R.; Günther, F.; Hatzfeld, O. 2003, Seite 14ff

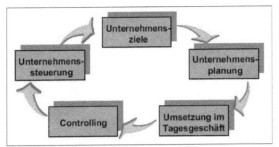

Abbildung 1 - Regelkreis der Unternehmensführung (entnommen aus Heuser, R.; Günther, F.; Hatzfeld, O. 2003)

Am Beginn des Regelkreises werden die Unternehmensziele definiert. Darauf aufbauend wird die Unternehmensplanung durchgeführt. Im Tagesgeschäft wird die Unternehmensplanung umgesetzt. Anschließend erfolgt durch das Controlling ein ständiger Plan / Ist-Abgleich. Durch diesen Abgleich kann man zum einen den Planungsprozess stetig optimieren. Zum anderen kann man feststellen, in wie Weit die Unternehmensprozesse bzw. die Unternehmensstrategie das Erreichen des Unternehmensziels ermöglichen und eventuell Änderungen notwendig werden[6].

2.3 Ablauf der integrierten Planung mit SAP R/3

Die folgende Grafik soll den Ablauf der der integrierten Unternehmensplanung mit Hilfe von SAP R/3 darstellen.

---

6   Vgl. Heuser, R.; Günther, F.; Hatzfeld, O. 2003, Seite 16f

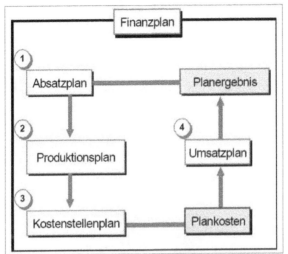

Abbildung 2 - schematische Darstellung der Unternehmensplanung
(entnommen aus SAP AG - Kostenstellenrechnung (CO-OM-CCA) April
2001)

Die integrierte Planung kann zum einen mit der Planung der Absatzmengen durch den Vertrieb
beginnen. Dabei wird vom Vertrieb ermittelt, wie viele Produkte in der entsprechenden
Periode abgesetzt werden können. Die integrierte Planung kann aber auch mit Vorgaben durch
die Unternehmensleitung beginnen. Dabei legt die Unternehmensleitung ein zu erreichendes
Umsatz- oder Deckungsbeitragsziel fest. Dieses wird dann vom Vertrieb in Absatzzahlen für
jedes Produkt bzw. für jede Produktgruppe umgesetzt. Die ermittelten Planabsatzmengen
fließen anschließend in die Absatz- und Produktionsgrobplanung ein.
Nach der Produktionsgrobplanung werden die dort ermittelten Leistungsbedarfe an die
leistungsbereitstellenden Kostenstellen übergeben. Durch diese Aufnahme können im Rahmen
der Kostenstellenplanung die Leistungsbedarfe als disponierte Leistungen ausgewiesen werden.
Darauf aufbauend werden dann für die von der Kostenstelle zu erbringenden Leistungen die
dafür notwendigen Kosten wie z.B. Abschreibungen und Löhne geplant. Diese Kosten werden
nun wiederum für die Abschreibungs- und Zinsermittlung der Anlagenbuchhaltung (FI-AA)
oder auch für die Personalkostenplanung des Human Resources (HR) integrativ übernommen.
Mittels der iterativen Tarifermittlung werden dann die Plantarife der Leistungen errechnet.
Im Anschluss werden mit Hilfe aktueller Stücklisten, Arbeitspläne und den vorher ermittelten
Plantarifen die Herstellungskosten der geplanten Produkte errechnet. Abschließend kann eine
Bewertung der zu Beginn des Planungsprozesses ermittelten Absatzmengen erfolgen. Diese

Bewertung dient zusammen mit der Absatz- bzw. Umsatzplanung als Grundlage zur Erstellung der vollständigen Ergebnisplanung[7].

Die Kostenstellenplanung kann zusätzlich in die Profit-Center-Rechnung einfließen[8]. Dies ist nur zur Vollständigkeit erwähnt und soll im Rahmen der vorliegenden Fallstudie unberücksichtigt bleiben.

---

7   Vgl. Teufel, T.; Röhricht, J.; Willems, P. 2000, Seite 195f
8   Vgl. Wenzel, P. 1996, Seite 240

3 Kostenstellenplanung

Wie bereits deutlich wurde, ist die Kostenstellenplanung ein Hauptbestandteil der operativen Planung eines Unternehmens[9].

Nun soll die Kostenstellenplanung und deren einzelnen Aspekte genauer betrachtet werden.

3.1 Ziele der Kostenstellenplanung

Mit der Kostenstellenplanung werden folgende Ziele verfolgt:

- Planung der Struktur der zukünftigen betrieblichen Aktivitäten für eine bestimmt Periode
- Verwendung von Benchmarks, um Geschäftsvorfälle innerhalb einer Buchungsperiode zu steuern
- Überwachung der Effektivität nach Abschluss der Buchungsperiode durch Plan/Ist- und Soll/Ist-Vergleiche
- Schaffung einer Grundlage für die Bewertung der Unternehmensaktivitäten[10].

Damit ein ständiger Soll/Ist Abgleich durchgeführt werden kann, sind drei Voraussetzungen zur automatischen Überleitung der Kosten in das CO zu erfüllen. Zum einen müssen im FI und im CO die gleichen Kontenpläne genutzt werden. Zum anderen müssen alle relevanten Konten der Finanzbuchhaltung auch als primäre Kostenarten im CO angelegt sein. Des Weiteren müssen die Konten über die Feldstatusgruppe für das Erfassen von Controlling-Objekten (Kostenstellen, Auftrag und Projektstrukturplan-Elementen) vorbereitet sein.

Die gebuchten Erlöse werden aus dem SAP-Modul SD über die Debitorenbuchhaltung in die Ergebnis- und Marktsegmentrechnung übergeben. Damit stehen auch sie für Auswertungen im Controlling zur Verfügung[11].

---

9 Vgl. Heuser, R.; Günther, F.; Hatzfeld, O. 2003, Seite 279ff
10 Vgl. SAP AG März 2001, Folie 6-6
11 Vgl. Merwa, J. und Autorenteam 1999, Seite 378f

3.2 Methoden der Kostenstellenplanung mit Hilfe von SAP R/3

Die Kostenstellenplanung soll für ein Planjahr die Kosten und Erträge für jede Kostenstelle des Planungsjahres möglichst genau ermitteln.

Dabei wird jede einzelne Kostenstelle als ein Kontierungsobjekt abgebildet. Auf diesem werden dann die entsprechenden Kostenbelastungen und -entlastungen geplant[12].

Bei der Planung von Kostenstellen ist zu unterscheiden:

♦ die Planung von statistischen Kennzahlen

♦ die Planung der Leistungserbringung und Tarife

♦ die Planung der wert- und mengenmäßigen primären Kosten

♦ die Planung der wert- und mengenmäßigen sekundären Kosten

♦ die Erlösplanung[13].

Die folgende Grafik soll einen Überblick über den Umfang der verschiedenen Planungsgebiete geben.

---

12 Vgl. Heuser, R.; Günther, F.; Hatzfeld, O. 2003, Seite 279ff
13 Vgl. SAP AG März 2001, Folie 6-8

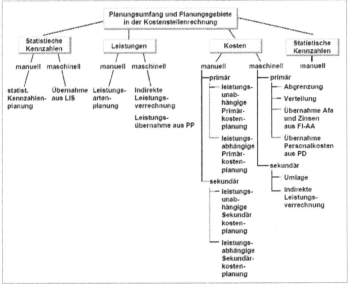

Abbildung 3 - Planungsumfang der Kostenstellenplanung (entnommen aus SAP AG - Kostenstellenrechnung (CO-OM-CCA) April 2001)

Des Weiteren bietet das SAP R/3 noch weitere Planungshilfen und Planverrechnungen[14]. Die Planungshilfen sind Funktionen des R/3, die dem Planer bei der Erstellung der Kostenstellenplanung unterstützen sollen[15]. Diese sollen im Rahmen der Fallstudie nur in Form der Schnittstellen zu anderen vorgelagerten Anwendungskomponenten im 4. Kapitel berücksichtigt werden.

Die Planverrechnungen dienen der zeitlichen und der verursachungsgerechten Aufteilung der geplanten Kosten auf die einzelnen Kostenstellen[16]. Zu den wichtigsten Planverrechnungen zählen die Planverteilung, die Planumlage sowie die Tarifermittlung[17]. Auf diese soll im Verlauf der Fallstudie eingegangen werden.

---

14 Vgl. Merwa, J. und Autorenteam 1999, Seite 76
15 Vgl. Merwa, J. und Autorenteam 1999, Seite 108f
16 Vgl. Merwa, J. und Autorenteam 1999, Seite 125
17 Vgl. Merwa, J. und Autorenteam 1999, Seite 76

3.2.1 Planung von statistischen Kennzahlen

Statistische Kennzahlen können als einfache Kennzahlen, für eine Kostenstelle definiert werden. Denkbar wären z.b. Anzahl der Mitarbeiter, verbrauchte Kilowattstunden oder verbrauchte Telefoneinheiten.

Sie dienen:

als Information für den Kostenstellenverantwortlichen

◆ zur Berechnung weiterer Kennzahlen auf der Kostenstelle

◆ als Bezugsbasis für Verrechnungen von Kosten/Mengen im Rahmen von maschinellen Verrechnungsverfahren wie Umlagen, Verteilungen und indirekten Leistungsverrechnungen[18].

Diese statistischen Kennzahlen können entweder manuell oder aber maschinell geplant werden. Die manuelle Planung erfolgt über Planungslayouts. Diese können im Customizing individuell eingerichtet werden.

Daneben besteht die Möglichkeit die Kennzahlen maschinell d.h. automatisiert aus dem Logistik-Informationssystem zu übernehmen[19].

3.2.2 Leistungsartenplanung

Mit Hilfe der Leistungsartenplanung kann der mengenmäßige Output einer Kostenstelle geplant werden. Diese Kostenstelle kann dann durch eine verursachungsgerechte innerbetriebliche Verrechnung entlastet werden[20].

Mit Hilfe von Äquivalenzziffern werden dabei die Kosten, die keiner Bezugsgröße direkt zurechenbar sind, auf die verschiedenen Bezugsgrößen verteilt[21].

3.2.3 Primärkostenplanung

Als Primärkosten gelten alle Belastungen, die aus Rechtsgeschäften des Unternehmens mit Dritten oder aus dem Verbrauch von Vermögenswerten des Unternehmens, wie z.b. Abschreibungen des Anlagevermögens, hervorgehen.

Mit Hilfe der Integration durch SAP R/3 kann die Ableitung von Plankosten aus anderen SAP Modulen erfolgen. Beispielhaft sei hier auf Abschreibungen aus der Anlagenbuchhaltung verwiesen[22].

---

18 Vgl. Teufel, T.; Röhricht, J.; Willems, P. 2000, Seite 218
19 Vgl. Heuser, R.; Günther, F.; Hatzfeld, O. 2003, Seite 293ff
20 Vgl. Wenzel, P. 1996, Seite 175f
21 Vgl. Klenger, F.; Falk-Kalms, E. 2002, Seite 278
22 Vgl. Heuser, R.; Günther, F.; Hatzfeld, O. 2003, Seite 279ff

Die Planung der Primärkosten kann auf manueller oder auf maschineller Weise erfolgen.

3.2.3.1 manuelle Primärkostenplanung

Die manuelle Primärkostenplanung erfolgt anhand eines Planungslayouts. Dabei muss man die entsprechenden Plandaten händisch einpflegen. Des Weiteren kann man bei der manuellen Primärkostenplanung noch in die leistungsabhängige und leistungsunabhägige Primärkostenplanung unterscheiden[23]. Da dies keinen wesentlichen Zusammenhang mit der integrierten Planung hat, soll darauf nicht näher eingegangen werden.

3.2.3.2 Maschinelle Primärkostenplanung

Bei der maschinellen Primärkostenplanung erfolgt die Übernahme von Plandaten maschinell. Man kann dabei die Abgrenzung und die Verteilung von Kosten sowie die Übernahme von Plandaten aus dem FI-AA und aus dem PD unterscheiden. Die Übernahme von Plandaten aus dem FI-AA sowie dem PD soll im 4. Kapitel im Rahmen der Schnittstellen dargestellt werden.

Mit Hilfe der Abgrenzung werden die geplanten Kosten einer Kostenart in Abhängigkeit der Kosten einer anderen Kostenart für die selbe Kostenstelle ermittelt und automatisch gebucht. Dies erfolgt in der Regel anhand von Prozentsätzen.

Bei der Verteilung werden zu nächst die Primärkosten auf speziellen Kostenstellen gesammelt. Anschließend werden diese Kosten mit Hilfe von Schlüsseln auf die anderen Kostenstellen verteilt[24].

3.2.4 Sekundärkostenplanung

Unter dem Begriff Sekundärkosten fallen alle Kosten, die im Rahmen der Kostenverrechnung mit unternehmensinternen Kostenstellen entstehen. Diese Kosten werden durch die interne Leistungsverrechnung geplant.

Dabei wird ermittelt, welche Mengen an Leistungen von welcher Kostenstelle nachgefragt werden. Da diese Leistung einen Preis hat, kann dann das Produkt aus Leistungsmenge und Leistungspreis dem Leistungsempfänger belastet und der Leistungserbringer mit diesen Produkt entlastet werden.

Eine weitere Möglichkeit besteht darin, die Kosten von einer Kostenstelle auf eine andere über einen Schlüssel zu verteilen. Durch diese Variante werden keine Leistungen zwischen den Kostenstellen ausgetauscht. Es werden lediglich die Kosten nach einem festgelegten Prinzip auf

23 Vgl. Heuser, R.; Günther, F.; Hatzfeld, O. 2003, Seite 299f
24 Vgl. Heuser, R.; Günther, F.; Hatzfeld, O. 2003, Seite 302ff

die Kostenstellen verteilt[25].

Die Sekundärkostenplanung lässt sich wie bereits die Primärkostenplanung in manuelle und in maschinelle Planungsmethoden unterscheiden.

3.2.4.1 Manuelle Sekundärkostenplanung

Bei der manuelle Sekundärkostenplanung erfolgt die händische Erfassung von Planungsdaten mit Hilfe von Planungslayouts. Die weitere Unterscheidung in leistungsabhängige und leistungsunabhägige Sekundärkostenplanung soll im Rahmen der Fallstudie nicht weiter betrachtet werden[26].

3.2.4.2 Maschinelle Sekundärkostenplanung

Bei der maschinellen Sekundärkostenplanung kann man die Kostenstellenumlage und die indirekte Leistungsverrechnung unterscheiden.

Die indirekte Leistungsverrechnung wird genutzt, wenn die Leistungsempfänger die Inanspruchnahme von Mengen einer Leistungsart von einem Leistungserbringer nicht manuell planen können, diese aber aus Abhängigkeiten von anderen Faktoren ableiten können.

Bei der Kostenstellenumlage werden die Kosten automatisch ohne Anwendung von Leistungsarten zwischen den Kostenstellen verrechnet. Dabei wird ein bestimmter Kostenbetrag nach einem Schlüssel aufgeteilt und auf die einzelnen Kostenstellen verteilt[27].

3.2.5 Planverteilung

Mit Hilfe der Planverteilung werden die Kosten auf einer Kostenstelle gesammelt und anschließend über geeignete Schlüssel auf die entsprechenden Empfänger verteilt. Dabei bleibt die ursprüngliche primäre Kostenart erhalten[28].

3.2.6 Planumlage

Bei der Planumlage werden die Kosten wie bei der Planverteilung auf einer Kostenstelle gesammelt und anschließend mit Hilfe von Schlüsseln auf die Empfänger umgelegt.

Im Gegensatz zur Planverteilung werden dabei diese Kosten unter einer neuen Umlagekostenart gebündelt. Die Informationen über die ursprünglichen Kostenarten gehen dabei vollständig verloren[29].

3.2.7 Tarifermittlung

Mit Hilfe der Tarifermittlung werden die Tarife bzw. Preise der geplanten Leistungsarten für

---

25 Vgl. Heuser, R.; Günther, F.; Hatzfeld, O. 2003, Seite 279ff
26 Vgl. Heuser, R.; Günther, F.; Hatzfeld, O. 2003, Seite 305ff
27 Vgl. Heuser, R.; Günther, F.; Hatzfeld, O. 2003, Seite 308ff
28 Vgl. Merwa, J. und Autorenteam 1999, Seite 139
29 Vgl. Merwa, J. und Autorenteam 1999, Seite 149

jede Kostenstelle ermittelt. Das SAP R/3 berücksichtigt dabei alle geplanten Leistungsbeziehungen und ermittelt die Tarife iterativ mit Hilfe der Division aller primären und sekundären Plankosten einer Kostenstelle durch deren Planleistungen[30].

Die Tarife können auch manuell vorgegeben werden. Allerdings kann dann das Leistungsgeflecht zwischen den einzelnen Kostenstellen nicht mehr berücksichtigt werden[31].

---

30 Vgl. Klenger, F.; Falk-Kalms, E. 2002, Seite 298
31 Vgl. Teufel, T.; Röhricht, J.; Willems, P. 2000, Seite 292

4 Schnittstellen der integrierten Planung

Im vorigen Abschnitt wurden bereits einige Schnittstellen zur Kostenstellenplanung angedeutet. Nun sollen diese Schnittstellen im Rahmen der integrierten Planung näher betrachtet werden.

Es ist möglich, aus folgenden der Kostenstellenrechnung vorgelagerten Komponenten Planungsdaten in die Kostenstellenrechnung bzw. Kostenstellenplanung zu überführen:

◆ Personalwirtschaft (HR)
◆ Anlagenbuchhaltung (FI-AA)
◆ Logistikinformationssystem (LIS)
◆ Produktionsplanung und -steuerung (PP)[32].

Durch die Übernahme von Daten dieser vorgelagerten Komponenten kann die Planung für kalkulatorische Abschreibungen und Zinsen, Personalkosten, statistische Kennzahlen sowie Leistungsbedarfe in der Kostenstellenrechnung entfallen.

4.1 Kostenstellenplanung/Personalkostenplanung

Mit Hilfe dieser Schnittstelle können die geplanten Personalkosten in die Primärkostenplanung der Kostenstellenrechnung übernommen werden.
Als Voraussetzung zur Übernahme der Plandaten, müssen in der Personalplanung gültige Personalstammsätze angelegt werden.
Anschließend können auf der Grundlage von Basisbezügen, Sollbezügen oder Abrechnungsergebnissen die Personalkosten geplant und dann in die Kostenstellenrechnung übergeleitet werden[33]

4.2 Kostenstellenplanung/Anlagenbuchhaltung

Durch den Einsatz dieser Schnittstelle können die in der Anlagenbuchhaltung periodisch ermittelten Abschreibungen und Zinsen einer Anlage in die Primärkostenplanung überführt werden.
Hierbei ist zu beachten, dass die Schnittstelle nur geplante Abschreibungen aus einem Buchungskreis pro Kostenstelle übernehmen kann.

Jedoch ermöglichen folgende Varianten die Abschreibungen für Anlagen aus verschiedenen Buchungskreisen für eine Kostenstelle in die Kostenstellenplanung überzuleiten:

32 Vgl. Merwa, J. und Autorenteam 1999, Seite 118
33 Vgl. http://help.sap.com/saphelp_47x200/helpdata/de/08/514acb43b511d182b30000e829fbfe/content. htm, Stand 16.02.2005

- manuelles Planen der Abschreibungen
- Einrichten eigener Sachkonten und Kostenarten für Anlagen, deren Abschreibungen an Kostenstellen in andere Buchungskreise übergeben werden sollen
- Anlegen eines planintegrierten Auftrages je Kostenstelle und Buchungskreis, der auf die jeweilige Kostenstelle abgerechnet werden kann[34].

4.3 Kostenstellenplanung/Logistikinformationssystem

Über diese Schnittstelle ist es möglich Daten, die im Logistik Informationssystem bereits bekannt sind, in die Kostenstellenplanung als statistische Kennzahlen zu übernehmen. Dafür ist es notwendig, dass die im Controlling angelegten statistischen Kennzahlen über deren Stammsätze mit den LIS-Kennzahlen verknüpft werden. Damit kann man bereits leistungsunabhängig die Daten auf eine Kostenstelle, Kostenstellengruppe oder auf alle Kostenstellen eines Kostenrechnungskreises übernehmen. Sollen auch leistungsabhängige Übernahmen von Kennzahlen erfolgen, so müssen zusätzlich noch die entsprechenden Leistungsarten bzw. Leistungsartengruppen zugeordnet werden[35].

4.4 Kostenstellenplanung/Produktionsplanung

Mit Hilfe dieser Schnittstelle können die folgenden Planzahlen aus der Produktionsplanung in die Kostenstellenplanung übernommen werden:

- Leistungsmengen aus Planaufträgen der Bedarfsplanung
- Leistungsmengen aus simulativen Planaufträgen aus einem Planszenario der Langfristplanung
- Leistungsmengen aus SOP-Aufträgen der Grobplanung.

Die folgende Abbildung soll den schematischen Ablauf der einzelnen Möglichkeiten darstellen:

34 Vgl. http://help.sap.com/saphelp_47x200/helpdata/de/08/514ae543b511d182b30000e829fbfe/content. htm, Stand 16.02.2005
35 Vgl. http://help.sap.com/saphelp_47x200/helpdata/de/66/bc736443c211d182b30000e829fbfe/content. htm, Stand 16.02.2005

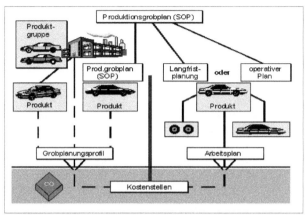

Abbildung 4 - Datenübernahme aus der Produktionsplanung (entnommen aus
http://help.sap.com/saphelp_47x200/helpdata/de/08/514aff43b511d182b30
000e829fbfe/content.htm – Stand 16.02.2005)

Zur automatisierten Übernahme der Daten müssen in den Arbeitsplätzen Leistungsarten definiert sein. Für diese Leistungsarten müssen Formeln zur Berechnung der Kosten im Arbeitsplatz gepflegt sein und die Übernahmesteuerung muss entsprechend eingerichtet werden.

Die in der Produktionsplanung ermittelten Leistungsmengen werden entsprechend ihren Auftragsterminen den einzelnen Kostenstellen-Perioden zugeordnet[36].

4.4.1 Grobplanung

Zur Bestimmung der Leistungsbedarfe mittels Grobplanung werden die Produktionsmengen über Arbeitspläne oder Grobplanungsprofile ausgewertet. Bei diesem Vorgehen ergeben sich jedoch folgende Einschränkungen:

♦ die Zuordnung der Ressourcen zu einer Kostenstelle/Leistungsart ist nicht möglich und
  somit können diese Daten nicht übernommen werden
♦ zusätzlich vorhandene Arbeitsplätze werden ignoriert
♦ es werden keine Sekundärbedarfe aus Stücklisten ermittelt[37].

---

36 Vgl. http://help.sap.com/saphelp_47x200/helpdata/de/08/514aff43b511d182b30000e829fbfe/content.
    htm, Stand 16.02.2005
37 Vgl. http://help.sap.com/saphelp_47x200/helpdata/de/08/514aff43b511d182b30000e829fbfe/content.h
    tm, Stand 16.02.2005

4.4.2 Bedarfsplanung

Bei der Ermittlung der Leistungsbedarfe aus der Bedarfsplanung werden die in der Bedarfsplanung erzeugten Planaufträge der Einzelfertigung über Arbeitspläne ausgewertet. Jedoch stellt sich hier das Problem, dass in der Regel in der Jahresplanung noch keine operativen Daten in der Disposition vorhanden sind. Somit ist in diesem Fall die Übernahme der Daten aus der Bedarfsplanung nicht möglich[38].

4.4.3 Langfristplanung

Bei Übernahme der Leistungsbedarfe aus der Langfristplanung werden die Daten über ein Planszenario gesteuert. In diesem Planszenario sind Vorgaben wie Planungszeitraum und für welches Werk die Planung durchgeführt wurde hinterlegt.

Dabei ist zu beachten, dass die Daten explizit in die Kostenstellenrechnung übernommen werden müssen. Eine automatische Übernahme erfolgt nicht[39].

---

38 Vgl. http://help.sap.com/saphelp_47x200/helpdata/de/08/514aff43b511d182b30000e829fbfe/content.htm, Stand 16.02.2005
39 Vgl. http://help.sap.com/saphelp_47x200/helpdata/de/08/514aff43b511d182b30000e829fbfe/content.htm, Stand 16.02.2005

5 Zusammenfassung

Ziel dieser Fallstudie war es, den Grad der Integration der einzelnen Komponenten des SAP R/3 anhand der Kostenstellenplanung zu untersuchen.

Es hat sich gezeigt, dass es bereits heute zahlreiche Schnittstellen zur automatisierten Datenübergabe von vorgelagerten Komponenten in die Kostenstellenplanung gibt. Diese Schnittstellen helfen die Kostenstellenplanung nicht nur effizienter sondern vor allem auch schneller durchzuführen.

Jedoch hat sich am Beispiel der Schnittstelle zur Anlagenbuchhaltung gezeigt, dass die Integration noch nicht vollständig abgeschlossen ist. Mit zu nehmender Globalisierung wächst die Forderung nach einer konzernweiten Kostenstellenplanung auch über mehrere Buchungskreise bzw. mehrere selbständig bilanzierende Einheiten hinweg[40]. Diese Forderung kann im SAP R/3 zur Zeit nur über Umwege erfüllt werden. Aus diesem Grund sind Änderungen des SAP R/3 notwendig, um eine vollständige Integration der Kostenstellenplanung zu erreichen.

---

40 Vgl. Heuser, R.; Günther, F.; Hatzfeld, O. 2003, Seite 639f

6 Abbildungsverzeichnis

7 Abkürzungsverzeichnis

CO Controlling

FI Financial Accounting

FI-AA Asset Accounting (Anlagenbuchhaltung)

HR Human Resources (Personalwirtschaft)

LIS Logistics Infomation System

PD Personnel Development

PP Production Planning and Controlling

SD Sales and Distribution

8 Quellen- und Literaturverzeichnis

- Guder, R. 2003 "SAP R/3 Enterprise (Rel. 4.7) Grundlagen"; HERDT-Verlag, Nackenheim 2003

- Heuser, R.; Günther, F.; Hatzfeld, O. 2003 "Integrierte Planung mit SAP Konzeption, Methodik, Vorgehen"; Galileo Press, Bonn 2003

- http://help.sap.com/saphelp_47x200/helpdata/de/08/514acb43b511d182b30000e8 29fbfe/content.htm, Stand 16.02.2005

- http://help.sap.com/saphelp_47x200/helpdata/de/66/bc736443c211d182b30000e8 29fbfe/content.htm, Stand 16.02.2005

- http://help.sap.com/saphelp_47x200/helpdata/de/08/514ae543b511d182b30000e 829fbfe/content.htm, Stand 16.02.2005

- http://help.sap.com/saphelp_47x200/helpdata/de/08/514aff43b511d182b30000e8 29fbfe/content.htm, Stand 16.02.2005

- http://www11.sap.com/germany/solutions/business-suite/erp/index.aspx, Stand 14.02.2005

- Klenger, F.; Falk-Kalms, E. 2002 "Kostenstellenrechnung mit SAP R/3"; Vieweg, Braunschweig/Wiesbaden 2002

- Merwa, J. und Autorenteam 1999 "SAP R/3 Controlling"; Prentice Hall, München 1999

- SAP AG März 2001 "Schulungsunterlagen zum SAP Kurs AC 410"; SAP AG, Walldorf März 2001

- Teufel, T.; Röhricht, J.; Willems, P. 2000 "SAP-Prozesse: Finanzwesen und Controlling"; ADDISON-WESLEY, München 2000

- Wenzel, P. 1996 "Betriebswirtschaftliche Anwendungen des integrierten Systems SAP R/3"; Vieweg, Braunschweig/Wiesbaden 1996